'.b» 889

Qu'est-ce que le Socialisme ?

AU PEUPLE SOUVERAIN.

Liberté, Égalité, Fraternité.

Voulons-nous obtenir des résultats, commençons par nous entendre sur les mots.

NANCY,

IMPRIMERIE DE HINZELIN ET COMP.,
rue Saint-Dizier, n° 67.

1849

NANCY, HINZELIN ET COMP.

AU PEUPLE SOUVERAIN.

A tout seigneur, tout honneur :
Salut, ô peuple souverain !
On parle beaucoup aujourd'hui de socialisme. Le mot a cours forcé; les uns s'en effraient, les autres s'en réjouissent, peu le comprennent.

Qu'est-ce que donc que le socialisme?

Le socialisme, c'est la recherche du mieux; l'esprit humain à la poursuite des vérités dont les applications peuvent intéresser le moral, l'intelligence et le bienêtre des masses fait du socialisme.

Le socialisme, c'est une foi; c'est la croyance en Dieu, appliquée à toute heure et dans toutes les situations, et cherchant, avec persévérance, le pourquoi de nos maux et un remède aux souffrances.

Croire en Dieu, c'est le point de départ de la science.

Le socialisme est fondé sur cette croyance :

Source unique de toutes les vérités, de toutes les vertus, de tous les dévouements.

Peut-on croire en Dieu sans l'aimer ?

Peut-on l'aimer et ne pas lui obéir ?

Peut-on lui obéir, et faire le mal ?

Non.

Que nous enseigne notre conscience à cet égard ?

A aimer l'auteur de toutes choses, à l'adorer et à mettre en pratique les préceptes du Christ.

Aimons-nous les uns les autres :

Aimer son prochain, c'est aimer Dieu ;

Aimer son prochain et le lui prouver, c'est être socialiste.

La plupart des philosophes anciens,

Le grand apôtre de l'humanité,

Les martyrs de sa foi,

Les légions valeureuses appelées à défendre les droits des peuples,

Les esprits généreux qui militent, incessamment, en faveur des opprimés, et

se livrent, avec ardeur, à l'apostolat ré-
publicain,

Les serviteurs assidus de cette presse,
instrument puissant de l'intelligence dont
elle multiplie les produits à l'infini :

Tous, ont été ou sont des socialistes.

Ainsi, le socialiste, c'est le protecteur
des faibles ;

C'est le défenseur naturel des opprimés ;

C'est l'intermédiaire dévoué entre les
grands et les petits ;

C'est l'apôtre infatigable de l'église nou-
velle ;

C'est le pur esprit de la religion des
temps modernes ; c'est la tradition chré-
tienne.

Le culte, en substituant la forme à
l'esprit et en absorbant ce dernier presque
en entier, a perdu la religion antique.

Ses ministres, devenus les esclaves du
privilége, ont oublié qu'ils devaient être
les défenseurs des faibles et des opprimés ;

Les masses ont compris qu'elles étaient
abandonnées ; elles ont déserté des tem-
ples où la voix de leurs souffrances ne
trouvait plus d'écho.

Une place dès-lors est restée vacante ; c'est la place de celui qui est destiné à être l'intermédiaire entre Dieu et l'homme souffrant.

Le socialisme s'est posé dans ces circonstances ;

Il y avait un vide, il l'a rempli ;

Il a parlé et on l'a écouté ;

.Il a dit au peuple : crois en moi, et on a cru ;

Suis-moi, et on l'a suivi ; parce que les misères auxquelles on s'adressait, étaient réelles, et que le peuple était reconnaissant de voir qu'on s'occupait de lui.

Ainsi le socialisme est vieux comme le monde, comme la conscience humaine ;

·C'est un fait ancien, un mot nouveau.

Une fois l'église fondée, elle a cherché à formuler sa pensée, et aussitôt elle a été attaquée avec fureur, par les ennemis du juste, du vrai et du bon.

On a poussé les principes à l'absurde pour les rendre impossibles ;

On a calomnié les hommes et les choses ;

On a faussé l'interprétation des mots ;

Socialisme est devenu synonyme de

terrorisme, brigandage, assassinat, pillage, utopie, etc. ;

On l'a accusé de renversements terribles, de convulsions déchirantes ;

On a dit qu'il voulait l'abolition de la famille et de la propriété ;

On a refusé le possible en s'armant de l'impossible ;

On a traité la vérité, de mensonge, la nécessité des réformes, d'abus.

Le privilège a, honteusement, spéculé sur la misère et l'ignorance des masses.

Les circonstances, plus fortes que les hommes de mauvaise volonté, forceront, à leur tour, la marche du progrès ;

Dieu veuille qu'elle soit pacifique !

C'est à nous, Républicains, à suivre les traces de celui qui réduisait tous les préceptes, qui regardent le prochain, à traiter les autres de la même manière qu'on voudrait être traité soi-même ; il enseignait surtout à se défier des faux prophètes, qui, sous des vêtements de brebis, ne laissent pas d'être des loups ravissants.

Ne nous laissons pas volontairement induire en erreur ;

Posons nettement la question ; fuyons l'équivoque ; définissons les mots dont nous voulons nous servir ; unissons-nous : sans union, point de force ; sans force, point de démocratie ; pour être forts, pour être unis, il faut s'entendre :

Nos idées n'auront de cours qu'à ce prix, qu'autant que nous nous serons entendus sur les mots ;

Il nous faut également rester dans les limites du bon sens et du possible ;

Si nous disons que deux fois deux font quatre, nous serons dans le vrai ; mais si nous permettons qu'on dise deux fois deux font cinq, successivement d'autres viendront avancer que deux fois deux font six, sept, huit, etc. ; la base du raisonnement étant faussée, le terrain de la vérité étant abandonné, nous serons infailliblement dépassés, et les motions absurdes se succèderont à l'infini, sans que nous puissions les arrêter, parce que nous serons dans le faux : c'est ce que nous devons éviter.

Soyons vrais et justes, et nous serons forts ; prenons pour devise : Union et bon sens ; Constatons la valeur des mots dont nous nous servons ; les mots dans la conversation, sont aux idées qu'ils transmettent, ce que les jetons, au jeu, sont à l'argent qu'ils représentent ; et quoiqu'il n'y ait qu'un cri, dit Condillac, contre ceux qui ont l'imprudence de jouer sans s'être informés de la valeur des jetons, chacun peut impunément parler, sans avoir appris la valeur des mots : voilà le malheur !

Ainsi 1° Sachons ce que nous demandons ;
2° Comment nous le demanderons ;
3° Ne demandons pas tout à la fois.

Qui trop embrasse, mal étreint.

Un enfant ayant passé le bras dans un vase, à gorge étroite, qui renfermait des noisettes, en remplit sa main tant qu'elle en pût tenir et ne pouvant la retirer si pleine, se mit à pleurer ; nigaud, lui dit un passant, si tu veux retirer ta main, ne prends qu'une noisette à la fois, et reviens à la charge ; à la fin tu auras ton compte. Telle est l'histoire des réformes ; c'est successivement qu'elles s'opèrent ; c'est successivement qu'on obtient des améliorations.

Ce qui ne veut pas dire qu'on ne doive immédiatement des satisfactions aux populations agricoles et industrielles qui souffrent depuis si longtemps ; — que nos représentants se mettent donc à l'œuvre, il n'est pas trop tôt.

Quant à nous, citoyens, voyons juste ; conservons religieusement nos libertés ; ne nous exposons pas à perdre les beaux droits que nous venons de conquérir.

Déjà nous avons pris trois lignes sur l'ennemi :

La première, c'est la proclamation de la République ;

La deuxième, c'est le suffrage direct et universel ;

La troisième, c'est notre Constitution qui défend les deux autres : voilà notre position stratégique.

Concentrons toutes nos forces sur la Constitution ; malheur à qui osera y toucher !

C'est à elle que nous devons des réformes précieuses, qui en commandent impérieusement d'autres ; ne cessons de les appeler de tous nos vœux, sans vouloir les brusquer.

Pour finir et nous résumer, disons que c'est mal raisonner, que de tirer une conséquence absolue, simple et sans restriction, de ce qui n'est vrai que par accident. C'est ce que font ceux qui blâment les sciences et les arts, à cause des abus que quelques personnes en font. Une saignée intempestive produit de mauvais effets ; donc il ne faut jamais en faire. La conséquence n'est pas juste. Quelques médecins sont malheureux dans leur pratique ; faut-il blâmer absolument la médecine ? ce serait mal raisonner. Le socialisme, en militant contre des abus criants, a créé d'étranges systèmes, formulé des propositions peu justes ; — irons-nous pour cela condamner l'esprit d'examen, la liberté de conscience, empêcher la recherche du mieux, en d'autres mots, interdire le socialisme ? — Ce serait absurde.

Ce qui est mauvais dans le socialisme, n'est pas à craindre ; il échoue dès qu'on veut l'appliquer ; seulement il arrive souvent que des gens de mauvaise foi s'en font une arme contre le progrès et le rendent responsable de quelques excentricités sans valeur, ou poussent des conséquences naturelles à l'extrème pour les rendre impossibles ; alors, entre des mains plus ou moins habiles, l'absurde se transforme en sophisme, et comme l'observe un auteur spirituel, dans de telles circonstances le sophisme, c'est-à-dire un faux raisonnement, n'est pas seulement un mal ; c'est le génie même du mal.

C'est à nous, alors, à dégager le principe des hommes qui le compromettent.

Le socialisme est un cri d'amour et non un cri de guerre ;

Ses armes sont :

La foi — l'espérance — la charité,

Sa devise est :

Justice et persévérance ;

Les éléments de ses succès sont :

L'ordre et la liberté ;

Sa loi — c'est le progrès ;

Sa religion, l'amour de Dieu et du prochain ;

Son gouvernement, la République ;

Sa volonté, le bien ;

Son but :

L'amélioration intellectuelle, morale et

matérielle des masses, et dans un avenir plus ou moins éloigné,

La République universelle ; c'est-à-dire:

L'unité des langues,

L'unité morale et sociale,

L'unité littéraire, politique et religieuse.

Ce n'est pas un rêve, une utopie ; le monde est en marche depuis la création ; le progrès est notre loi. Prenez l'histoire et lisez ; que verrez-vous ? une émancipation progressive et continue, aidée par les révolutions : voilà les faits. Ne donnent-ils pas raison, je vous le demande, à ceux qui veulent aujourd'hui faire justice des antiques abus, améliorer le sort des travailleurs, assurer à l'homme l'exploitation de la nature, et faire régner la fraternité entre les peuples ? lisez, je le répète, et vous vous convaincrez.

— Voilà la vérité ; voilà, en réalité, ce qu'est et ce que veut le socialisme.

Qu'offre-t-il à ceux qui en sont les apôtres ? Trop souvent, l'ingratitude, la persécution et la calomnie.

Mais qu'importe ?

Un empereur romain défendit, un jour,

à un sénateur d'aller au sénat. — César, dit le stoïcien, il dépend de vous de m'en empêcher ; mais j'irai au sénat tant que je serai sénateur. — Si tu y vas, garde le silence ; — César, ne me demandez pas mon avis, et je me tairai ; — si tu es présent, je ne puis me dispenser de te demander ton avis ; — et moi de vous dire ce qui me paraîtra juste ; — si tu le dis, je te ferai mourir ; — César, quand vous ais-je dit que je fusse immortel ? Nous ferons tous deux ce qui dépend de nous : vous me ferez mourir, et moi je souffrirai la mort sans trembler.

Il n'y a qu'une chose, qu'il dépende, toujours, de nous de faire, c'est notre devoir ; nulle puissance humaine ne peut nous en empêcher ; voilà mes derniers mots.

MARCHAL FILS.